Género Drama

I0902566

¿? Pregunta esencial

¿Qué nos enseñan los mitos?

Las MANZANAS de IDUN

Introducción

Hace mucho tiempo, en todos los pueblos se relataban unas historias llamadas mitos. Los mitos ayudaban a explicar cosas desconocidas. *Las manzanas de Idun* es un mito. Cuenta qué hacían los dioses y las diosas para mantenerse siempre jóvenes.

Personajes

NARRADOR   LOKI   ODÍN
ÁGUILA   IDUN

Primera escena ~ El águila

Dos dioses, Loki y Odín, caminan por el bosque.

NARRADOR: Hace mucho tiempo, los dioses y las diosas vivían en la Tierra. Nunca envejecían y nunca morían. ¿Cómo era posible? ¡Vamos a descubrirlo!

LOKI: ¡Cuánto hemos caminado!

ODÍN: Sí, Loki. Hemos caminado todo el día por estos senderos sinuosos. Creo que debemos descansar.

LOKI: *(deteniéndose)* Yo tengo hambre, Odín. Creo que debemos comer.

NARRADOR: Odín se encargó de matar un buey. Loki se encargó de hacer el fuego.

LOKI: (*perplejo*) ¿Qué ocurre con esta carne? ¡Sigue cruda!

(*Odín mira la carne y frunce el ceño.*)

ODÍN: ¿Será una trampa?

LOKI: (*levantando la vista*) Odín, hay un águila que nos está mirando desde aquella rama.

ÁGUILA: (*mirándolos desde arriba*) Si comparten un poco de carne conmigo, yo la asaré para ustedes.

ODÍN: (*encantado*) ¡Sí, águila! ¡Compartiremos nuestra carne contigo!

NARRADOR: La carne se asó en un abrir y cerrar de ojos. De repente, se oyó un susurrar de plumas. El águila voló hacia la carne y la agarró para llevársela. Loki tomó un palo del suelo y le dio un golpe.

LOKI: ¡No! ¡No te llevarás nuestra carne!

ÁGUILA: (*agarrando el palo*) ¡Sí, me la llevaré! ¡Y a ti también!

NARRADOR: El águila levantó vuelo. Loki se aferró del palo para no caerse.

AHORA COMPRUEBA

¿Qué se ofreció a hacer el águila para ayudar a Odín y a Loki?

Segunda escena ∽ Manzanas especiales

El águila sobrevuela un bosque. Loki se agarra del palo con todas sus fuerzas.

LOKI: (*suplicando*) ¡Por favor, bájame!

ÁGUILA: Te bajaré si haces algo por mí. Tienes que traerme las manzanas de la diosa Idun.

LOKI: (*sorprendido*) ¡No puedo hacer eso! ¡Las manzanas de Idun son especiales! ¡Los dioses las comemos para no envejecer!

ÁGUILA: Entonces, seguiremos volando.

NARRADOR: Loki se sentía fatigado. Sabía que no aguantaría mucho tiempo más.

LOKI: (*entristecido*) Está bien, te traeré las manzanas. Por favor, bájame.

NARRADOR: Al oír eso, el águila dejó a Loki en el suelo.

Tercera escena ~ El engaño

La diosa Idun está cogiendo manzanas de sus árboles. Loki decide engañarla.

LOKI: ¡Qué hermosas manzanas!

IDUN: (*sonriendo*) Mis manzanas son únicas. Los dioses las comen todos los días. ¡Así se mantienen jóvenes!

LOKI: ¿Estás segura de que son únicas? Yo vi un árbol con las mismas manzanas en las afueras de la ciudad.

AHORA COMPRUEBA

¿Qué le dice Loki a Idun?

IDUN: (*frunciendo el ceño*) ¡No puede ser! Muéstrame ese árbol.

LOKI: Está bien, te lo muestro. Pero lleva algunas manzanas. Así podremos compararlas.

NARRADOR: Idun llenó su cesta de manzanas. En ese momento, apareció el águila.

ÁGUILA: (*agarrando a Idun y su cesta*) ¡Estas son para mí!

NARRADOR: Loki se quedó mirando el cielo hasta que Idun y sus manzanas fueron un puntito en el horizonte. Pronto, el puntito desapareció.

Cuarta escena ∽ La furia de los dioses

Los dioses esperan a Idun. Pero pasa el tiempo y ella no aparece. Sin las manzanas, todos comienzan a envejecer. Les salen arrugas en la piel. El pelo se les pone gris.

ODÍN: ¿Dónde se habrá metido Idun? ¡Miren qué gris está mi barba!

NARRADOR: Loki sabía que el águila tenía a Idun, por supuesto. Pero no se lo había dicho a nadie, ni siquiera a Odín.

LOKI: (*preocupado*) Estoy seguro de que volverá en cualquier momento con sus manzanas.

AHORA COMPRUEBA

¿Qué les ocurrió a los dioses sin las manzanas de Idun?

NARRADOR: Un día, Loki no pudo más. ¡Necesitaba decir la verdad! Le contó a Odín que había engañado a Idun para que el águila consiguiera sus manzanas.

ODÍN: (*gritando*) ¿Cómo pudiste hacer eso? ¡Necesitamos las manzanas!

LOKI: (*viendo que los dioses están furiosos*) Voy a solucionar esto. ¡Rescataré a Idun!

NARRADOR: En un abrir y cerrar de ojos, Loki se convirtió en halcón. Se fue volando a buscar al águila.

NARRADOR: Loki sobrevoló colinas y bosques. Por fin, vio al águila durmiendo sobre un árbol. Idun estaba sentada más abajo con su canasta de manzanas doradas. Loki aterrizó junto a ella.

LOKI: (*susurrando*) ¡No temas, Idun! Soy yo, Loki. Vine a llevarte de regreso.

LOKI: (*sobresaltada*) ¿Y cómo lo harás? Solo eres un halconcito...

AHORA COMPRUEBA

¿Por qué susurra Loki?

NARRADOR: Loki se quedó pensando. Después, usó sus poderes para hacer que Idun y las manzanas se convirtieran en nueces. Puso las nueces en la canasta y se fue volando con ella.

LOKI: ¡Ya estás a salvo, Idun! Te llevaré a casa.

ÁGUILA: *(despertando y viendo que Loki se aleja)* ¡No! ¡Te atraparé más temprano que tarde!

NARRADOR: El águila fue detrás de Loki. Pero Loki volaba cada vez más rápido. No quería defraudar a Idun ni a los dioses.

Quinta escena ~ La persecución

Los dioses esperan a Loki en la pradera.

NARRADOR: La pradera ya estaba cerca, pero Loki sentía que sus alas perdían fuerza. En las garras llevaba la canasta con Idun y sus manzanas.

ODÍN: (*divisando a Loki en el cielo*) ¡Ahí está Loki! Pero detrás viene el águila. ¡Rápido! ¡Encendamos una gran fogata!

NARRADOR: Los dioses apilaron ramas secas. Pronto comenzó a arder un fuego gigantesco. ¡El águila no pudo atravesar las llamas! Furiosa, se dio media vuelta y regresó a casa. Loki recobró su forma y volvió a convertir a Idun en una diosa.

LOKI: (*avergonzado*) Cometí un error terrible. Siento mucho el daño que causé.

IDUN: (*repartiendo sus manzanas*) Yo te perdono, Loki. ¡Mira! ¡Los dioses ya están jóvenes otra vez! Su pelo vuelve a brillar.

ODÍN: ¡Mi barba ya no está gris! Loki, lo que hiciste estuvo mal. Pero corregiste tu error. Eso es lo importante.

NARRADOR: Loki mordió una manzana. Era la manzana más dulce que había probado en su vida.

Respuesta a la lectura

Resumir

Usa detalles importantes para resumir lo que ocurre en *Las manzanas de Idun.*

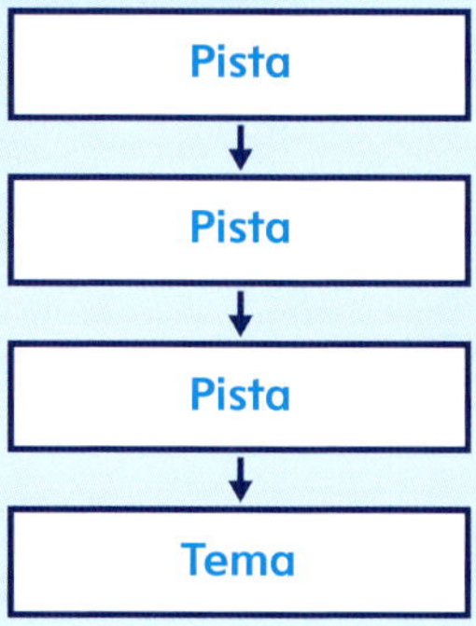

Evidencia en el texto

1. ¿Cómo sabes que *Las manzanas de Idun* es una obra de teatro? **Género**
2. ¿Cuál es la idea general que cuenta esta obra? **Tema**
3. Usa claves en las oraciones para deducir qué tipo de animal es el halcón. **Claves en la oración**
4. Escribe sobre lo que hizo Loki al principio de la obra. ¿Qué hizo al final? **Escribir sobre la lectura**

Género Texto expositivo

Compara los textos

Lee acerca de otro fruto conocido.

Tomates

Hay tomates de muchos colores.

Los tomates verdes aún no maduraron.

Los tomates se desarrollan en etapas. Primero sale una flor amarilla. Después se forma un tomate verde. Cuando madura, ese fruto se vuelve rojo o amarillo.

Illustration: Rob Schuster

Los tomates se cultivaron por primera vez en América del Sur. Hoy se cultivan en todo el mundo. Estados Unidos produce gran parte de esos cultivos.

Los tomates se comen crudos o cocinados.

Cómo cultivar tomates

1. **Planta semillas de tomate en una maceta con tierra. Ponla junto a una ventana soleada.**
2. **Riega las semillas. Después de seis semanas, lleva las plantas afuera.**
3. **Coloca las plantas en una maceta más grande o en la tierra. Riégalas a diario. ¡En tres meses tendrás tomates!**

Haz conexiones

¿Por qué los dioses comían las manzanas de Idun? **Pregunta esencial**

¿En qué se parecen los tomates amarillos a las manzanas de Idun? **El texto y otros textos**

Ariel Skelley/Blend Images/Getty Images

Enfoque: Género

Drama Un drama u obra de teatro es un relato que puede representarse. Es una historia que se cuenta a través de diálogos entre personajes. En cada escena se indica dónde ocurre la acción.

Qué buscar Los personajes de *Las manzanas de Idun* son dioses y diosas. El diálogo muestra lo que dice cada uno. En algunas escenas hay acotaciones que indican cómo se sienten o qué hacen los personajes.

Tu turno

Planea una obra de teatro acerca de un dios o una diosa. Piensa un nombre para tu personaje. Cuenta qué cosas especiales puede hacer.